Newark Public Library
121 High Street   Newark, NY 14513
www.newark.pls-net.org
315-331-4370

 **W9-ACF-044**

Items not returned by the latest date stamped
will be charged a per-day late charge.
Please make note of your item's date due.
Check online or call to renew.

;OPY

Y OF

PRESS

Yellow Umbrella Books are published by Capstone Press,
151 Good Counsel Drive, P.O. Box 669, Mankato, Minnesota 56002.
www.capstonepress.com

Library of Congress Cataloging-in-Publication Data
Rubin, Alan (Alan Adrian)
    [How many fish? Spanish]
    ¿Cuántos peces? / por Alan Rubin.
    p. cm.—(Yellow Umbrella: Mathematics - Spanish)
    Includes index.
    ISBN 0-7368-4130-X (hardcover)
    1. Counting—Juvenile literature. 2. Fish—Juvenile literature. I. Title.
QA113.R8318 2005
513.2′11—dc22   2004052752

Summary: Introduces counting by showing different numbers of fish and other creatures swimming in the sea.

Editorial Credits
Editorial Director: Mary Lindeen
Editor: Jennifer VanVoorst
Photo Researcher: Kelly Garvin
Developer: Raindrop Publishing
Adapted Translations: Gloria Ramos
Spanish Language Consultants: Jesús Cervantes, Anita Constantino
Conversion Editor: Roberta Basel

Photo Credits
Cover: Stephen Frink/Digital Vision; Title page: Stephen Frink/Digital Vision; Page 2: OAR/National Undersea Research Program (NURP); Page 3: Georgette Douwma/ PhotoDisc; Page 4: Stephen Frink/Digital Vision; Page 5: Stephen Frink/Digital Vision; Page 6: Stephen Frink/Digital Vision; Page 7: Stephen Frink/Digital Vision; Page 8: Stephen Frink/Corbis; Page 9: Stephen Frink/Digital Vision; Page 10: Marty Snyderman/ Digital Stock; Page 11: Ken Usami/PhotoDisc; Page 12: Ian Cartwright/PhotoDisc; Page 13: Stephen Frink/Digital Vision; Page 14: Corel; Page 15: Corel; Page 16: Stephen Frink/ Digital Vision

1 2 3 4 5 6 10 09 08 07 06 05

¿Cuántos peces?

por Alan Rubin

Consultants: David Olson, Director of Undergraduate Studies, and
Tamara Olson, Associate Professor, Department of Mathematical Sciences,
Michigan Technological University

Yellow Umbrella Books

Mathematics - Spanish

an imprint of Capstone Press
Mankato, Minnesota

Una chica curiosa bucea en el mar.

¿Cuántos peces puedes contar?

Dos focas marinas nadan en el mar.

¿Cuántos peces puedes contar?

Tres rayas
se deslizan en el mar.

¿Cuántos peces puedes contar?

Cuatro estrellas de mar descansan en el mar.

¿Cuántas más
puedes contar?

Cinco delfines grises juegan en el mar.

¿Cuántos peces
puedes contar?

Seis peces rayados nadan en el mar.

¿Cuántos peces puedes contar?

Siete cangrejos están en la orilla del mar.

¿Cuántos más puedes contar?

¿Qué pasa cuando llega un tiburón? Todos los peces huyen en temor.

Glosario/Índice

contar—decir los números ordenadamente, o dar un número a los elementos de un conjunto para saber cuántos hay; páginas 3, 5, 7, 9, 11, 13, 15

curioso—que tiene el interés de saber o conocer muchas cosas; página 2

deslizarse—correr los pies u otro cuerpo por encima de una superficie lisa o mojada; página 6

(los) peces—animales acuáticos de sangre fría, de respiración branquial, de piel cubierta de escamas y con extremidades en forma de aleta; páginas 3, 5, 7, 11, 12, 13, 16

Word Count: 92
Early-Intervention Level: 7

j531.112 Rubin, Alan (Alan Adrian)

Rapido y mas rapido!

$15.93

Yellow Umbrella Books are published by Capstone Press,
151 Good Counsel Drive, P.O. Box 669, Mankato, Minnesota 56002.
www.capstonepress.com

Library of Congress Cataloging-in-Publication Data
Rubin, Alan (Alan Adrian)
    [Fast and faster! Spanish]
    Rápido y más rápido / por Alan Rubin.
    p. cm.—(Yellow Umbrella: Science - Spanish)
    Includes index.
    ISBN 0-7368-4135-0 (hardcover)
    1. Speed—Juvenile literature. I. Title.
QC137.52.R8313 2005
531'.112—dc22   2004053977

Summary: Briefly describes how animals and vehicles move in different ways and at
different speeds.

Editorial Credits
Editorial Director: Mary Lindeen
Editor: Jennifer VanVoorst
Photo Researcher: Wanda Winch
Developer: Raindrop Publishing
Adapted Translations: Gloria Ramos
Spanish Language Consultants: Jesús Cervantes, Anita Constantino
Conversion Editor: Roberta Basel

Photo Credits
Cover: Gary Sundermeyer/Capstone Press; Title Page: Comstock; Page 2: Flat Earth;
Page 3: DigitalVision; Page 4: Comstock; Page 5: Steve Mason/PhotoDisc; Page 6:
DigitalVision; Page 7: DigitalVision; Page 8: Corbis; Page 9: Corbis; Page 10:
DigitalVision; Page 11: Digital Vision; Page 12: Jim Schwabel/Index Stock;
Page 13: DigitalVision; Page 14: Corbis; Page 15: Defense Visual Information
Center/U.S. Air Force Photo; Page 16: DigitalVision

1 2 3 4 5 6 10 09 08 07 06 05

Rápido y más rápido

por Alan Rubin

Consultant: Dr. Paul Ohmann,
Assistant Professor of Physics, University of St. Thomas

Yellow Umbrella Books
Science - Spanish

an imprint of Capstone Press
Mankato, Minnesota

Algunas cosas
no se pueden mover.

Pero tú sí te puedes mover.

Algunas cosas se mueven despacio.

Algunas cosas se mueven más rápidas que otras.

Este animal se puede mover.

Pero este animal
se puede mover más rápido.

Este animal puede correr.

Pero este animal
puede correr más rápido.

Este carro se puede mover.

Pero este carro
se puede mover más rápido.

Este tren se puede mover.

Pero este tren
se puede mover más rápido.

Este avión puede volar.

Pero este avión
puede volar más rápido.
¿Qué vuela aún más rápido?

Los cohetes vuelan
más rápido de todos. ¡Zum!

Glosario/Índice

(el) animal—ser vivo dotado de movimiento y sensibilidad; páginas 6, 7, 8, 9

(el) avión—vehículo con alas y motor, que sirve para viajar por el aire; páginas 14, 15

(el) carro—vehículo con motor, de cuatro ruedas, usado específicamente para el transporte de personas; páginas 10, 11

(el) cohete—vehículo impulsado por propulsión a chorro, que se envía al espacio; página 16

correr—mover rápidamente usando piernas; páginas 8, 9

despacio—poco a poco; lentamente; página 4

mover—hacer que un cuerpo cambie de lugar o posición; páginas 2, 3, 4, 5, 6, 7, 10, 11, 12, 13

rápido—se hace o actúa en poco tiempo; muy de prisa; páginas 5, 7, 9, 11, 13, 15, 16

(el) tren—conjunto de una locomotora y de vagones arrastrados por ella; páginas 12, 13

Word Count: 99
Early-Intervention Level: 8